la cuisine de **ma grossesse**

À CHACUN SA CUISINE

GRÜND

Véronique Liégeois

Photographies : Julie Mechali
Stylisme : Anouk Grumbach

Shopping et art de la table :
Anouk Grumbach et Julie Mechali remercient :
Merci, Casa, Luminarc, Seletti, Bodum, la Maison Coloniale, Habitat,
le Comptoir de Famille pour la vaisselle.
Merci aux peintures Ressource,
Merci à nos grands-mères pour les confitures, l'argenterie et la vaisselle ancienne...
et AM et PYM pour leurs découvertes inspirées !

Véronique Liégeois

Photographies : Julie Mechali
Stylisme : Anouk Grumbach

Photographie de couverture : Julie Mechali. Stylisme : Isabelle Guerre

Édition : Émilie Collet et Marine Schoeser

ISBN : 978-2-7000-3167-6
Dépôt légal : mars 2011

Conception graphique et maquette : Manon Bucciarelli
Texte composé en Kursivschrift et en Din
Imprimé en Espagne par Graficas Estella

www.grund.fr – 60, rue Mazarine – 75006 Paris

la cuisine de **ma grossesse**

À CHACUN SA CUISINE

GRÜND

4 pers. — Nombre de personnes

bon marché — Coût de la recette

10' — Temps de préparation

1 h — Temps de marinade

3 h — Temps de réfrigération

45' — Temps de cuisson

24 h — Temps de repos

Sommaire

Bien manger en attendant bébé

La grossesse est une période physiologique particulière : votre corps change, vos envies et vos besoins aussi. Manger équilibré pour répondre aux besoins spécifiques du bébé demande un peu de bon sens, quelques connaissances diététiques, et surtout une écoute positive de ce que vous ressentez...Soyez bienveillante avec vous-même, écoutez vos envies, et ne cherchez pas à entrer dans un cadre rigide qui ne vous correspondrait pas. Voici quelques pistes pour trouver votre rythme alimentaire, en douceur et sans stress !

La prise de poids

Les gynécologues recommandent habituellement une prise de poids qui se situe autour de 10 Kg, pendant la grossesse. C'est une moyenne et il faut savoir que les femmes très minces, qui ont peu de réserves de graisse peuvent prendre 12 à 13 Kg sans problème. À l'inverse, une femme en surpoids aura tout intérêt à être suivie par un diététicien, pour viser une prise de poids de moins de 10 Kg.

Faut-il manger davantage ?

Les besoins en énergie sont un peu plus élevés chez la femme enceinte : il est conseillé de consommer 200 à 300 kcal de plus, chaque jour, à partir du second trimestre. Cela représente simplement l'ajout d'une collation, comme une part de pain avec du fromage ou un yaourt et 2 biscuits.

Les glucides complexes, les sucres

La régulation de glycémie est souvent légèrement perturbée pendant la grossesse : elle chute facilement, entraînant une sensation de faim intense, voire une envie de sucre...Pour mieux la réguler, pensez à consommer des glucides complexes à chaque repas, sous forme de pain complet, pâtes, lentilles, riz, pommes de terre...Et n'exagérez pas avec les produits sucrés (bonbon, soda...) qui ne font que vous déséquilibrer davantage.

Les besoins en vitamines

À surveiller surtout : l'acide folique (ou vitamine B9), dont la carence peut entraîner des malformations fœtales. On la trouve dans les légumes, les fruits ainsi que dans la viande. En consommant des végétaux à chaque repas vous couvrez en principe vos besoins, que le médecin peut compléter d'une supplémentation médicamenteuse. Les vitamines A et D, indispensables à la croissance, sont présentes dans les produits laitiers entiers. Évitez donc les allégés, qui en contiennent beaucoup moins et n'ont aucun intérêt pendant la grossesse.

Les minéraux à surveiller

Les besoins en fer (prévention de l'anémie) et en magnésium (relaxant musculaire) sont à surveiller. Vous les trouverez dans la viande rouge (fer) et dans les fruits secs et céréales complètes (magnésium). Mais c'est surtout le calcium dont les besoins sont accrus. Trois à quatre produits laitiers par jour, sont indispensables pour assurer la croissance du bébé.

Oméga et compagnie...Les acides gras essentiels

Le développement du cerveau et du tissu nerveux du bébé demande un apport régulier en acides gras essentiels : ils s'agit des oméga 6 et des oméga 3. Vous les trouverez en abondance dans les huiles végétales et dans les poissons gras, comme le saumon, ainsi que dans les margarines végétales enrichies.

Les bactéries dont il faut se protéger

La grossesse est une période où le système immunitaire ne réagit pas comme d'habitude : vous êtes plus fragile et il est nécessaire d'être vigilante.

• Respectez les règles d'hygiène de base en cuisine : lavez-vous les mains au savon, désinfectez le réfrigérateur chaque semaine, vérifiez les dates limites de conservation des produits.

• Évitez la consommation de fruits de mer et coquillages, de viande et de poisson crus.
• Jetez les restes, c'est plus sûr.
• Évitez les fromages au lait cru (sauf les fromages à pâte cuite comme le comté).

Prévenir la constipation

La constipation est fréquente pendant la grossesse, et il n'est pas toujours simple de la combattre. Au niveau alimentaire, veillez à avoir un bon apport en fibres (légumes et fruits, céréales complètes...), et à bien vous hydrater.
Le thé ralentit le transit : remplacez-le par des tisanes (verveine, tilleul...). Et limitez le riz, la banane et le coing qui ont le même effet.

Bien s'hydrater

L'apport en eau est indispensable pour éviter les infections urinaires et la constipation. Buvez de préférence...de l'eau, tout simplement ! Et optez pour une eau riche en calcium et en magnésium (eau du robinet, certaines eaux minérales). Il est conseillé de boire 1,5l à 2 l d'eau par jour pendant la grossesse.

Mieux gérer sa faim

Faim réelle ou simple envie ? À vous de faire la différence ! Manger un peu plus est normal lorsque l'on est enceinte, mais il ne faut pas augmenter vos apports au-delà du raisonnable. C'est surtout votre poids qui doit vous guider : si vous prenez régulièrement un peu de poids, tout va bien, continuez à vous alimenter avec bon sens. Si le poids monte en flèche, la faim que vous ressentez est peut-être plutôt une envie de manger, liée à la fatigue, au stress, à l'ennui...Cherchez dans ce cas à répondre à vos émotions d'une autre façon : voir une amie, sortir faire une promenade, aller chez le coiffeur, vous faire un masque hydratant en vous relaxant tranquillement...

Tabac et alcool

Les seuls vrais interdits, tout au long de la grossesse, concernent le tabac et l'alcool : toutes les études scientifiques montrent que leur consommation a des conséquences néfastes sur le développement du bébé. Il est donc important de s'abstenir de fumer et de boire de l'alcool tout au long de ces 9 mois.

Le diabète gestationnel

Une mauvaise régulation de la glycémie peut apparaître pendant la grossesse, et certaines femmes prédisposées peuvent déclarer un diabète gestationnel. Cette forme de diabète nécessite un suivi médical et diététique. Il régresse en général quelques semaines après l'accouchement. Les conseils diététiques concernent surtout la limitation des produits sucrés et une meilleure répartition des glucides complexes (pain, pâte, pomme de terre...) tout au long de la journée. Attention aussi la prise excessive de poids, qui favorise la survenue du diabète gestationnel.

Faut-il réduire le sel ?

Les régimes sans sel ne sont plus d'actualité, mais il est conseillé de ne pas abuser du sel, qui favorise la rétention d'eau et l'augmentation de la tension artérielle. Salez peu ce que vous préparez et limitez surtout les plats industriels (soupes, plats tout prêts), ainsi que la charcuterie, les biscuits apéritifs...sans pour autant vous en priver totalement.

Entrées gourmandes et vitaminées

Soupe italienne au basilic

4 pers.
bon marché
30'
40'
5'

Matériel de cuisine
- 1 cocotte

Ingrédients
- 1 petit oignon
- 1 gousse d'ail
- 2 tomates
- 1 courgette
- 1 poignée de haricots verts
- 1 pomme de terre
- 4 tranches de filet de bacon
- 1 c.à s. d'huile d'olive
- 80 g de mini-farfalle
- 4 tiges de basilic
- parmesan râpé
- sel, poivre du moulin

Pelez l'oignon, et hachez-le, ainsi que la gousse d'ail. Rincez les tomates et la courgette, puis coupez-les en dés. Lavez les haricots verts, équeutez-les et coupez-les en 3 ou 4 morceaux. Épluchez la pomme de terre, lavez-la et coupez-la en petits dés.

Coupez le filet de bacon en lamelles. Faites chauffer l'huile d'olive dans une cocotte à fond épais, à feu doux. Ajoutez l'oignon, l'ail et le bacon émincés. Laissez dorer en remuant, pendant 5 minutes.

Ajoutez les légumes coupés en morceaux, faites dorer pendant 5 minutes à feu très doux, en remuant. Versez 1 l d'eau, mélangez doucement, salez et poivrez. Couvrez et laissez mijoter pendant 20 minutes.

Ajoutez les mini-farfalle, et laissez cuire encore 10 minutes. Rincez le basilic, puis hachez-le. Ajoutez-le au potage et laissez reposer 5 minutes, hors du feu. Servez la soupe italienne bien chaude, saupoudrée de parmesan râpé.

INFO SANTÉ

Une soupe consistante qui peut devenir la base du repas, pour un dîner léger, si vous n'avez pas très faim. Elle apporte des fibres, des minéraux et des glucides complexes en bonne proportion. Complétez-la simplement d'un laitage et d'un fruit.

Salade de mâche aux gésiers et pomme acidulée

4 pers.

moyen

15'

5'

Matériel de cuisine

- 1 saladier
- 1 bol
- 1 poêle antiadhésive

Ingrédients

- 100 g de mâche
- 1 pomme acidulée (granny Smith)
- 100 g de gésiers confits
- ½ citron
- 20 g de raisins secs blonds
- 4 cerneaux de noix
- 5 tiges de ciboulette
- 1 c. à s d'huile d'olive
- 1 c. à s. d'huile de colza
- 1 c. à s. de vinaigre de noix
- sel, poivre du moulin

Rincez la mâche sous l'eau fraîche et essorez-la délicatement. Lavez la pomme, puis coupez-la en petits dés, en prenant soin d'éliminer le centre. Arrosez les dés de pomme d'un peu de jus de citron.

Disposez la mâche et les dés de pommes dans un saladier. Ajoutez les raisins secs et les cerneaux de noix concassés entre vos doigts.

Rincez et hachez la ciboulette. Mélangez dans un bol l'huile d'olive, l'huile de colza, le vinaigre de noix et la ciboulette. Salez très légèrement et poivrez. Versez sur la salade et mélangez.

Émincez les gésiers en fines tranches. Faites-les dorer pendant 5 minutes dans une poêle antiadhésive bien chaude, sans ajouter de matière grasse. Ajoutez les gésiers dans la salade, et servez aussitôt.

INFO SANTÉ
Les gésiers sont une viande de bonne qualité nutritionnelle : source d'acides gras utiles à notre organisme, ils sont également riches en protéines et en fer, dont les femmes enceintes peuvent être déficientes. Mais n'en abusez pas car ils sont un peu salés.

INFO SANTÉ

Une entrée très bien pourvue en protéines, utile pour celles qui n'apprécient pas la viande. La légère amertume de la roquette stimule la digestion, mais si vous ne l'appréciez pas, remplacez-la par de la mâche ou de jeunes pousses d'épinards.

Crêpes au saumon et à la roquette

4 pers.

moyen

20'

20'

Matériel de cuisine
- 1 crêpière antiadhésive
- 1 saladier
- 1 bol

Ingrédients

Pour la pâte
- 80 g de farine
- 2 œufs
- 20 cl de lait
- 1 c. à s. de graines de sésame doré
- 1 c. à c. d'huile de tournesol
- sel, poivre du moulin

Pour la garniture
- 2 petites tranches de saumon fumé
- 40 g de roquette
- 5 brins de ciboulette
- 100 g de fromage à tartiner (type St Morêt)
- 5 tomates cerise
- poivre du moulin

Préparez la pâte à crêpe en mélangeant dans un saladier la farine, les œufs et le lait. Lissez le mélange, puis ajoutez du sel, du poivre et les graines de sésame. Faites cuire 4 crêpes dans une crêpière antiadhésive légèrement huilée. Gardez-les au chaud.

Rincez et essorez la roquette et la ciboulette. Hachez-les grossièrement au couteau ou coupez-les avec des ciseaux. Versez dans un bol. Ajoutez le fromage à tartiner, du poivre et mélangez. Il est inutile de saler.

Coupez les tomates cerise en quatre. Hachez grossièrement le saumon fumé.

Garnissez chaque crêpe d'une cuillerée du mélange roquette-fromage, puis ajoutez des dés de tomate et du saumon haché. Repliez les crêpes et dégustez aussitôt.

INFO SANTÉ
Des bouchées très digestes, pratiquement dépourvues de matières grasses, mais qui vous apportent des protéines et des fibres. Soyez vigilante sur la fraîcheur des crevettes : l'idéal est d'opter pour le surgelé qui offre toutes les garanties d'hygiène.

Crêpes de riz aux crevettes sautées

4 pers.
moyen
35'
10'
5'

Matériel de cuisine
- 1 sauteuse
- 1 bol
- 1 assiette creuse

Ingrédients
- 8 grosses crevettes cuites décortiquées
- 1 c. à c. d'huile de tournesol
- 2 c. à s. de sauce soja
- ½ citron
- 50 g de pousses de soja
- 10 g de champignons noirs déshydratés
- 20 g de cacahuètes grillées
- 2 tiges de coriandre
- 8 petites crêpes de riz asiatiques.

Rincez les crevettes sous l'eau froide, puis épongez-les. Faites chauffer l'huile dans une sauteuse. Ajoutez les crevettes et faites-les sauter 5 minutes à feu vif, en remuant. Ajoutez une cuillerée de sauce soja, un filet de jus de citron et laissez réduire 2 minutes puis retirez du feu.

Portez à ébullition 30 cl d'eau dans une casserole. Rincez les pousses de soja, jetez-les dans l'eau bouillante, laissez cuire 2 minutes, et égouttez-les. Faites tremper les champignons noirs pendant 5 minutes dans un bol d'eau tiède. Égouttez-les et émincez-les.

Hachez les cacahuètes au couteau. Rincez et essorez la coriandre.

Humidifiez rapidement les galettes de riz, une par une, dans une assiette remplie d'eau froide. Garnissez chaque galette d'une pincée de germes de soja, d'un peu de champignons noirs émincés, de quelques feuilles de coriandre, d'une pincée de cacahuètes et d'une crevette. Refermez les galettes de riz en les repliant sur elles-mêmes, comme des nems. Dégustez avec de la sauce soja.

Mini-croques à la mimolette et tomates séchées

4 pers.
moyen
20'
10'

Matériel de cuisine
- 1 appareil à croque-monsieur

Ingrédients
- 8 petites tranches de pain de mie complet
- 60 g de mimolette jeune
- 4 morceaux de tomates confites
- 1 tomate
- 2 c. à s. de moutarde forte
- 1 pincée de graines de cumin
- 20 g de margarine enrichie aux oméga 3
- poivre du moulin

Ôtez la croûte de la mimolette, puis râpez-la ou coupez-la en fines tranches. Épongez les morceaux de tomates confites avec du papier absorbant. Coupez-les ensuite en petits morceaux.

Rincez la tomate, essuyez-la et coupez-la en fines rondelles.

Tartinez les tranches de pain de margarine sur l'une des faces et de moutarde sur l'autre. Garnissez 4 tranches de pain, côté moutarde, d'une tranche de tomate, de mimolette, de tomate confite coupée en dés, puis d'une seconde tranche de tomate. Poivrez, saupoudrez d'une petite pincée de cumin. Il n'est pas nécessaire de saler. Couvrez avec une tranche de pain, côté moutarde à l'intérieur.

Faites cuire les 4 croque-monsieur dans un appareil spécial ou tout simplement dans une poêle antiadhésive, pendant 5 à 6 minutes environ. Coupez les croques en quatre dès qu'ils sont cuits et disposez-les sur une assiette. Dégustez chaud, en entrée ou à l'apéritif.

INFO SANTÉ

Une petite entrée à grignoter avec les doigts, très bien pourvue en calcium, grâce à la présence de mimolette. Prenez l'habitude d'utiliser une margarine aux oméga 3 pour les cuissons : elle apporte des acides gras indispensables au développement cérébral du bébé, et ne se dégrade pas à des températures modérées.

Tartines à la mousse de sardine et citron vert

4 pers.

moyen

15'

5'

Matériel de dressage
- 4 assiettes de service

Matériel de cuisine
- 1 robot-mixeur
- 1 grille-pain

Ingrédients
- 1 boîte de filets de sardine sans huile
- 1 citron vert
- 2 petits-suisses
- 5 brins de ciboulette
- 2 brins de persil plat
- 8 fines tranches de pain aux céréales
- 1 poignée de mâche
- 1 c. à c. de graines de sésame doré
- quelques tomates cerise
- 1 c. à s d'huile d'olive
- poivre du moulin

Égouttez les filets de sardine et versez-les dans le bol du robot. Ajoutez un filet de jus de citron vert et les petits-suisses. Poivrez et mixez pendant 1 minute, pour obtenir une purée aérienne. Placez au frais.

Rincez la ciboulette et le persil. Épongez-les, puis hachez-les. Rincez et essorez la mâche, répartissez-la sur 4 assiettes de service. Arrosez-la de quelques gouttes d'huile d'olive.

Lavez les tomates, coupez-les en deux. Ajoutez les herbes hachées dans la purée et mélangez.

Faites griller les tranches de pain pendant 2 minutes au grille-pain. Tartinez-les aussitôt de purée de sardine. Saupoudrez de sésame et décorez avec les tomates cerise. Disposez les tartines sur les assiettes et dégustez.

INFO SANTÉ

Les filets de sardine sans huile, très faciles à trouver au rayon des poissons en conserve, sont beaucoup plus digestes que les sardines à l'huile. Ils apportent des oméga 3, essentiels à la croissance, mais aussi des protéines et des oligo-éléments en quantité intéressante (iode, zinc, sélénium).

Mousse de pois chiches, canapés croustillants

4 pers.

bon marché

15'

5'

Matériel de cuisine

- 1 mixeur

Ingrédients

- 250 g de pois chiches en boîte
- ½ citron
- ½ gousse d'ail
- 5 tiges de persil
- 5 tiges de ciboulette
- 1 c. à s. d'huile d'olive
- 100 g de fromage blanc
- 1 pincée de paprika
- 20 g de pistaches grillées
- ⅓ de baguette au pavot
- sel, poivre du moulin

Rincez et égouttez les pois chiches. Versez-les dans le bol du mixeur. Arrosez-les d'un filet de jus de citron.

Pelez l'ail, éliminez le germe et hachez la moitié de la gousse. Rincez et épongez délicatement le persil et la ciboulette. Ajoutez l'ail, le persil, la ciboulette, l'huile d'olive et le fromage blanc dans le bol du mixeur. Salez, poivrez, ajoutez une pincée de paprika. Mixez pendant quelques secondes pour obtenir une pâte lisse. Hachez grossièrement les pistaches.

Préchauffez le gril du four. Coupez la baguette en tranches très fines. Disposez-les sur la grille du four et faites-les dorer pendant 3 à 4 minutes, pour qu'elles soient dorées et croustillantes.

Tartinez la mousse de pois chiches sur les canapés croustillants, saupoudrez de pistaches hachées et dégustez aussitôt.

INFO SANTÉ
Les légumes secs sont intéressants pendant la grossesse car leur index glycémique bas permet de stabiliser la glycémie de façon naturelle et d'éviter les fringales. Les pois chiches sont particulièrement digestes : n'hésitez pas à les intégrer régulièrement dans vos plats.

Gougères au fromage et au jambon

4 pers.

élevé

20'

20'

Matériel de cuisine
- 1 plaque de cuisson antiadhésive
- 1 casserole moyenne

Ingrédients
- 90 g de farine
- 40 g de margarine enrichie en oméga 3
- 60 g de comté
- 50 g de jambon
- 2 œufs
- 1 pincée de noix muscade
- sel, poivre du moulin

Portez à ébullition 12 cl d'eau dans une casserole moyenne. Ajoutez du sel, du poivre et la margarine. Lorsque l'eau bout, retirez la casserole du feu et versez en une seule fois la farine. Travaillez vigoureusement la pâte avec une spatule en bois. Remettez la casserole sur le feu et faites sécher la pâte, toujours en remuant, pendant 3 à 4 minutes, à feu doux.

Hors du feu, ajoutez les œufs un par un, en travaillant bien le mélange. Ajoutez chaque œuf lorsque le précédent est complément intégré à la pâte.

Préchauffez le four à 180 °C (th. 6). Ôtez la croûte du comté, puis râpez-le. Dégraissez et hachez le jambon.

Ajoutez dans la pâte le fromage râpé, le jambon haché et une pincée de noix muscade. Mélangez parfaitement. Faites des petits tas de la taille d'une noix à l'aide d'une cuiller et déposez-les sur une plaque à pâtisserie antiadhésive, en les espaçant suffisamment. Faites cuire les gougères au four pendant 20 minutes. Dégustez chaud.

Notes

INFO SANTÉ
Les gougères sont digestes et délicieuses : riches en calcium, grâce à la présence de comté, elles représentent un excellent complément en produit laitier. Vous pouvez d'ailleurs augmenter les doses et les proposer en plat principal, accompagnées d'une salade verte.

Bricks à la tome de brebis

4 pers.

moyen

25'

10'

Matériel de cuisine
- 1 petite passoire
- 1 saladier
- 1 plaque de cuisson

Ingrédients
- 80 g de tome de brebis
- 1 petite courgette
- 20 g de raisins secs
- 20 g de pignons
- 1 pincée de piment d'Espelette
- 4 feuilles de brick
- 1 c. à s. d'huile d'olive
- 1 c. à c. de graines de pavot
- sel, poivre du moulin

Préchauffez le four à 180 °C (th. 6). Ôtez la croûte du fromage et coupez-le en très fines lamelles. Lavez la courgette puis râpez-la, pas trop finement. Disposez la courgette râpée dans une petite passoire et pressez avec les doigts pour éliminer le surplus d'eau.

Mélangez dans un saladier la courgette râpée, le fromage en lamelles, les raisins secs et les pignons. Salez légèrement, poivrez et ajoutez une pincée de piment d'Espelette. Mélangez.

Décollez délicatement les feuilles de brick du papier sulfurisé, et coupez-les en deux. Répartissez le mélange courgette-fromage sur les huit demi-feuilles. Repliez-les en forme de triangle ou de carré.

Disposez les bricks sur une plaque à pâtisserie. Badigeonnez-les d'un peu d'huile d'olive, à l'aide d'un pinceau. Saupoudrez de graines de pavot et passez 6 minutes au four. Dégustez chaud, avec une salade verte.

Notes

INFO SANTÉ
Les fromages à pâte dure peuvent être consommés même s'ils ont été fabriqués au lait cru. Par précaution, éliminez toujours la croûte et, dans le frigo, placez-les dans une boîte hermétique, pour les isoler des autres aliments.

Plats de grossesse

Gratin de légumes au reblochon

4 pers.

moyen

25'

35'

Matériel de cuisine
- 1 poêle antiadhésive

Ingrédients
- 1 navet jaune
- 2 carottes
- 3 pommes de terre Charlotte
- 1 panais
- 1 petit oignon
- 2 tranches de jambon braisé
- 1 c. à s. d'huile de tournesol
- 1 reblochon
- 1 brin de thym
- 1 pincée de noix muscade
- 1 pincée de carvi
- sel, poivre du moulin

Pelez le navet, les carottes, les pommes de terre et le panais. Passez-les sous l'eau fraîche, puis émincez-les en tranches fines. Faites cuire les légumes 10 minutes à la vapeur, puis égouttez-les parfaitement.

Pelez et hachez l'oignon. Coupez le jambon en petits dés. Préchauffez le four à 180 °C (th. 6).

Faites chauffer l'huile dans une poêle. Ajoutez le jambon et l'oignon haché, et faites revenir pendant 5 minutes en remuant. Disposez les légumes et le mélange jambon-oignon dans un plat à gratin. Salez légèrement, poivrez et saupoudrez de thym effeuillé, d'un peu de muscade et de graines de carvi. Mélangez délicatement pour ne pas écraser les légumes.

Ôtez la croûte du reblochon et coupez-le en tranches. Répartissez-les sur les légumes. Faites cuire 20 minutes au four. Dégustez bien chaud, avec une salade.

INFO SANTÉ
La pré-cuisson à la vapeur rend le gratin beaucoup plus digeste, car les légumes ne sont pas gras. Et l'association des légumes racines et de la pomme de terre augmente l'apport en fibres douces, indispensables au bon fonctionnement du transit.

Flan à la mozzarella et aux tomates cerise

4 pers.
moyen
25'
30'

Matériel de cuisine
- 1 saladier
- 1 plat à gratin

Ingrédients
- 2 boules de mozzarella (250 g)
- 150 g de farine de blé
- 25 g de pétales de maïs nature (pour petit déjeuner)
- ½ sachet de levure chimique
- 3 œufs
- 35 cl de lait entier
- 250 g de tomates cerise
- 1 noix de beurre
- 2 tiges de basilic
- sel, poivre du moulin

Préchauffez le four à 180 °C (th. 6). Coupez la mozzarella en petits dés, après l'avoir égouttée. Dans un saladier, mélangez la farine, les flocons de maïs, la levure chimique, les œufs et le lait. Salez et poivrez. Ajoutez la moitié de la mozzarella et mélangez.

Rincez et hachez le basilic. Ajoutez-le à la pâte. Rincez les tomates cerise sous l'eau fraîche et essuyez-les.

Répartissez les tomates cerise dans un plat à gratin légèrement beurré. Nappez de pâte à flan. Faites cuire pendant 20 minutes dans le four préchauffé.

Disposez le reste de la mozzarella sur la surface du flan et poursuivez la cuisson pendant 10 minutes. Dégustez chaud ou tiède, avec une salade verte bien relevée.

INFO SANTÉ
La mozzarella et le lait sont de bonnes sources de calcium et de protéines, indispensables au développement osseux du bébé. Préférez le lait entier, plus riche en vitamines A et D, toutes deux nécessaires à la croissance.

Crumble de poulet aux amandes

4 pers.

moyen

25'

40'

Matériel de cuisine
- 1 saladier
- 1 sauteuse
- 1 plat à gratin

Ingrédients
- 80 g de farine de blé
- 40 g de farine de millet
- 40 g de flocons d'avoine
- 35 g de parmesan
- 80 g de margarine enrichie en oméga 3
- 300 g de blancs de poulet
- 1 tomate
- 1 petite courgette
- 1 petit oignon
- 2 tiges de basilic
- 1 c. à s. d'huile d'olive
- 50 g d'amandes émondées
- sel, poivre du moulin

Versez la farine de blé, la farine de millet, les flocons d'avoine et le parmesan dans un saladier. Salez, poivrez et mélangez. Ajoutez la margarine coupée en petits morceaux et travaillez l'ensemble du bout des doigts, pour obtenir une pâte friable. Placez au frais.

Coupez le poulet en petits dés. Lavez la tomate et la courgette et coupez-les en dés. Pelez et hachez l'oignon. Rincez le basilic, épongez-le et hachez les feuilles.

Faites chauffer l'huile d'olive dans une sauteuse. Ajoutez les dés de poulet et de courgette ainsi que l'oignon haché. Faites dorer pendant 5 minutes, en remuant, à feu moyen. Ajoutez les tomates, le basilic et les amandes entières. Salez, poivrez et laissez mijoter 10 minutes à feu doux. Préchauffez le four à 180 °C (th.6).

Versez le poulet mijoté dans un plat à gratin. Émiettez la pâte à crumble par dessus, en tassant légèrement avec le plat de la main. Faites cuire 25 minutes au four. Dégustez chaud ou tiède.

INFO SANTÉ
Le crumble est une alternative aux tartes aux légumes apportant des protéines, des glucides complexes et des fibres. Variez les farines (quinoa, sarrasin, millet, blé complet...) pour diversifier les goûts, et surtout pour augmenter les apports en minéraux et en fibres.

Poulet au lait de coco et à la coriandre

4 pers.

moyen

25'

35'

Matériel de cuisine
- 1 petite cocotte

Ingrédients
- 4 cuisses de poulet
- 1 oignon
- 1 tomate
- 1 carotte
- 1 petit chou asiatique « Shangaï »
- 20 cl de lait de coco
- 1 pincée de curcuma
- 1 c. à s. d'huile d'olive
- sel, poivre du moulin

Pelez et hachez l'oignon. Lavez la tomate, puis coupez-la en dés. Pelez la carotte, lavez-la et coupez-la en petits dés. Passez le chou sous l'eau froide, puis émincez-le. Rincez et épongez la coriandre, puis effeuillez-la.

Faites chauffer l'huile d'olive dans une petite cocotte. Ajoutez les cuisses de poulet, et faites-les dorer 4 minutes sur chaque face, à feu vif. Disposez-les sur une assiette, épongez-les avec du papier absorbant.

Rincez la cocotte à l'eau claire, sans détergent et remettez-la sur le feu. Disposez les cuisses de poulet au fond, couvrez avec les légumes émincés. Salez, poivrez, ajoutez du curcuma, la coriandre et nappez de lait de coco.

Couvrez et laissez mijoter 25 minutes. Stoppez la cuisson quand le poulet est parfaitement cuit. Dégustez avec du riz basmati. Ce plat très parfumé peut être préparé la veille : il se réchauffe facilement.

Notes

INFO SANTÉ

Si vous craignez de ne pas digérer l'oignon, laissez-le entier, après l'avoir épluché. Vous le retirerez tout simplement en fin de cuisson. De cette façon, il donne du goût, sans risquer d'être indigeste.

Filet mignon de porc au lait

4 pers.
moyen
10'
30'

Matériel de cuisine
- 1 cocotte

Ingrédients
- 1 petit oignon
- 1 c. à s d'huile d'olive
- 2 filets mignons (700g)
- 1 brin de thym
- 1 feuille de laurier
- 2 feuilles de sauge
- 1 pincée de cumin en poudre
- 20 cl de lait entier
- 5 brins de persil plat
- sel, poivre du moulin

Pelez l'oignon, puis hachez-le finement. Faites chauffer une cuillerée d'huile d'olive dans une cocotte à fond épais. Ajoutez les filets mignons et faites-les dorer pendant 5 minutes, à feu vif, sur toutes les faces.

Baissez le feu, ajoutez l'oignon haché, le thym, le laurier, la sauge et le cumin. Salez, poivrez et mélangez. Laissez fondre les oignons pendant 5 minutes en remuant, à feu doux.

Mouillez avec le lait entier, couvrez et laissez mijoter pendant 20 minutes à feu doux. Rincez et épongez le persil, puis hachez-le.

Faites réduire, si besoin, le jus de cuisson en fin de cuisson, à feu vif. Ôtez le thym, le laurier et la sauge. Découpez la viande en fines tranches, nappez de sauce et saupoudrez de persil. Accompagnez d'épinards à la crème ou de carottes Vichy.

Notes

INFO SANTÉ

Le porc est une viande d'excellente qualité nutritionnelle : riche en protéines, elle contient des acides gras utiles à la croissance du bébé. Sa concentration en vitamine B12 (indispensable à la croissance) et en vitamine B1 (utile au fonctionnement neuromusculaire) sont à souligner.

INFO SANTÉ

La cuisson au gril est particulièrement digeste, mais pour éviter que la viande ne soit trop sèche, faites-la toujours à feu modéré. En ajoutant des dés de légumes (courgette, aubergine, tomate...) ou de fruits (pomme, abricot, poire...) vous donnerez également du moelleux à la viande.

Brochette de poulet mariné au citron vert

4 pers.

moyen

20'

15'

1h

Matériel de cuisine

- 8 piques à brochette
- 1 gril en fonte ou 1 poêle antiadhésive
- 1 plat creux

Ingrédients

- 300 g de blanc de poulet
- 1 citron vert
- 2 c. à c. de sésame blond
- 1 pincée de massale (ou de curry doux)
- 4 tranches d'ananas en boîte
- 16 tomates cerise
- 1 c. à s. d'huile d'olive
- sel, poivre du moulin

Découpez les blancs de poulet en cubes réguliers. Disposez-les dans un plat creux. Pressez la moitié du citron vert et arrosez le poulet avec le jus obtenu. Ajoutez l'huile d'olive, du sel, du poivre, saupoudrez d'une pincée de massalé. Couvrez de film étirable et placez au frais pendant 1 heure.

Rincez les tomates cerise et épongez-les. Égouttez les tranches d'ananas et coupez-les en morceaux.

Montez ensuite les brochettes. Commencez par une tomate cerise, puis alternez les cubes de poulet et les morceaux d'ananas. Terminez par une tomate. Saupoudrez les brochettes de sésame blond.

Faites chauffer un gril en fonte ou une poêle antiadhésive. Ajoutez les brochettes et faites-le cuire pendant 15 minutes à feu doux, en les retournant plusieurs fois. Dégustez chaud, arrosé de jus de citron. Accompagnez de courgettes mijotées et de boulghour.

Escalope de dinde fourrée au fromage

4 pers.

moyen

20'

20'

Matériel de cuisine
- 1 aplatisseur à viande
- des piques en bois
- 1 assiette creuse
- 1 poêle antiadhésive

Ingrédients
- 4 fines escalopes de dinde
- 4 tranches de fromage à raclette
- 20 g de pétales de maïs nature
- 20 g de flocons d'avoine
- 1 pincée de thym
- 1 c. à s. d'huile de tournesol
- sel, poivre du moulin

Aplatissez les escalopes de dinde avec un aplatisseur à viande ou à l'aide d'un rouleau à pâtisserie couvert de film étirable. Ôtez la croûte du fromage à raclette.

Placez une tranche de fromage sur chaque escalope et repliez-la viande pour former un chausson. Maintenez-la avec deux ou trois piques en bois.

Écrasez les flocons de maïs entre vos doigts. Versez-les dans une assiette creuse. Ajoutez les flocons d'avoine, une pincée de thym, du sel et du poivre. Mélangez.

Passez les escalopes dans ce mélange sur chaque face, en pressant légèrement pour que la panure adhère. Faites chauffer l'huile de tournesol dans une poêle antiadhésive, ajoutez les quatre escalopes fourrées. Faites-les dorer 3 minutes de chaque côté à feu vif. Baissez le feu et poursuivez la cuisson à feu doux, pendant 10 minutes, en les retournant plusieurs fois. Dégustez bien chaud avec une purée de carotte.

TRUC DE CUISINIER

Une panure légère, qu'il ne faut surtout pas cuire dans une trop grande quantité d'huile. Maîtrisez bien la cuisson, qui doit se faire à feu doux, pour obtenir des escalopes à la fois croustillantes et fondantes.

Lapin mijoté à la moutarde et à la sauge

4 pers. · moyen · 20' · 35'

Matériel de cuisine
- 1 cocotte

Ingrédients
- 3 tiges de persil frisé
- 1 petite carotte
- 1 échalote
- 1 c. à s. d'huile de maïs
- 4 cuisses de lapin
- ½ tablette de bouillon de légumes bio
- 2 feuilles de sauge
- 3 c. à s. de moutarde forte
- 1 c. à s. de crème fraîche épaisse
- sel, poivre du moulin

Rincez le persil, hachez-le.

Faites chauffer l'huile dans une petite cocotte à fond épais. Ajoutez les cuisses de lapin et faites-les dorer à feu moyen, 3 minutes sur chaque face. Disposez-les sur une assiette. Rincez la cocotte sous l'eau, sans détergent, et remettez-la sur le feu.

Ajoutez l'échalote émincée, la carotte, le persil haché, le bouillon émietté et la sauge. Laissez fondre 5 minutes à feu doux, en remuant.

Disposez par dessus les cuisses de lapin, ajoutez la moutarde et mouillez avec un demi-verre d'eau. Salez et poivrez. Couvrez et laissez mijoter 25 minutes à feu doux. Au moment de servir, liez la sauce avec la crème fraîche et dégustez très chaud. Accompagnez d'une purée de pommes de terre ou de courgettes persillées.

INFO SANTÉ
Le lapin est une viande qui contient des acides gras oméga-3 (comme les poissons gras), indispensables à la croissance du tissu nerveux et cérébral du fœtus. C'est par ailleurs une viande concentrée en protéines, en vitamine B12, en fer et en zinc, substances nécessaires à la constitution de nos cellules.

INFO SANTÉ
Les woks sont des plats très sains et complets, et selon vos goûts, vous les composerez d'ingrédients variés. Prévoyez toujours un aliment protidique (crevettes, poulet, porc…) et des légumes (brocoli, pousses de bambou…) et accompagnez d'un féculent (riz ou nouilles).

Wok de bœuf au sésame

4 pers.
moyen
20'
10'
10'

Matériel de dressage
- 4 bols

Matériel de cuisine
- 1 plat creux
- 2 saladiers
- 1 wok ou 1 grande sauteuse

Ingrédients
- 300 g de bavette
- 2 c. à s. de sauce soja
- 1 poignée de pousses de soja
- 1 tomate
- 1 courgette
- 100 g de mini-épis de maïs
- 3 tiges de coriandre
- 100 g de vermicelles de riz
- 15 g de champignons noirs
- 1 c. à s. de sésame doré
- 1 c. à s. d'huile de maïs
- poivre du moulin

Coupez la bavette en fines lamelles. Disposez-la dans un plat creux et arrosez d'une cuillerée de sauce soja. Mélangez, couvrez de film étirable et placez au frais pendant la préparation des légumes.

Rincez et égouttez les pousses de soja. Lavez la tomate, puis coupez-la en petits dés, en gardant le jus. Lavez la courgette, puis coupez-la en dés. Rincez et égouttez les mini-épis de maïs. Lavez la coriandre, épongez-la délicatement et effeuillez-la.

Faites tremper les vermicelles de riz et les champignons noirs, dans deux saladiers remplis d'eau chaude, pendant 10 minutes. Égouttez les champignons, puis émincez-les finement.

Faites chauffer l'huile dans un wok ou une grande sauteuse. Ajoutez les lamelles de bœuf, et faites-les sauter 3 minutes à feu vif, en remuant. Réservez. Ajoutez les dés de courgette, les pousses de soja, les épis de maïs, les dés de tomate et les champignons noirs émincés dans le wok et faites sauter 5 minutes, en remuant. Ajoutez la viande, une cuillerée de sauce soja, du poivre, et faites chauffer 2 minutes.

Égouttez les vermicelles de riz, répartissez-les dans 4 bols évasés. Ajoutez par dessus le bœuf aux légumes. Saupoudrez de sésame et décorez avec la coriandre. Dégustez chaud.

Boulettes de bœuf à la tomate

4 pers.

moyen

30'

25'

Matériel de cuisine
- 1 saladier
- 1 sauteuse

Ingrédients
- 350 g de steak haché à 5 % M.G
- 2 tranches de pain de mie
- 4 c. à s. de lait
- 1 œuf
- 1 pincée de noix muscade
- 1 pincée de curcuma
- 5 brins de persil
- 2 tiges de basilic
- 1 c. à s. d'huile d'olive
- 1 gousse d'ail
- 1 boîte de tomates pelées (400 g)
- sel, poivre du moulin

Émiettez le pain de mie dans un saladier et ajoutez le lait, en mélangeant avec une fourchette. Ajoutez ensuite la viande hachée, l'œuf, la muscade, le curcuma, du sel et poivre. Mélangez intimement tous les ingrédients.

Rincez délicatement le persil et le basilic, puis effeuillez-les. Hachez-les séparément au couteau. Pelez la gousse d'ail.

Concassez les tomates pelées dans leur jus pour obtenir un coulis. Ajoutez le persil haché à la viande hachée et mélangez. Réalisez des boulettes de la taille d'une noix avec le mélange à la viande.

Faites chauffer l'huile d'olive dans une sauteuse. Ajoutez la gousse d'ail entière et laissez dorer 1 minute à feu doux, puis retirez-la. Disposez les boulettes de viande dans la sauteuse et faites-les colorer pendant 5 minutes à feu moyen, en les retournant plusieurs fois, très délicatement. Versez le coulis de tomates sur les boulettes, ajoutez le basilic haché et couvrez. Laissez mijoter pendant 15 minutes à feu doux. Dégustez chaud, avec des tagliatelles ou de la polenta.

Notes

VARIANTE

Le bœuf est une des meilleures sources de fer, substance dont les femmes enceintes sont souvent carencées. Il est indispensable au bon fonctionnement immunitaire et à la formation des globules rouges qui transportent l'oxygène dans le sang (et donc vers le fœtus).

Spaghettis sauce bolognaise légère

4 pers.

moyen

20'

35'

Matériel de cuisine
- 1 cocotte
- 1 saladier

Ingrédients
- 1 petit oignon
- 1 gousse d'ail
- 10 cm de céleri-branche
- 1 petite carotte
- 3 tiges de persil plat
- 2 c. à s. d'huile d'olive
- 200 g de steak haché à 5 % M.G
- 1 grosse boîte de tomates pelées (800 g)
- 250 g de spaghetti
- 3 c. à s. de parmesan
- sel, poivre du moulin

Pelez l'oignon et l'ail. Hachez finement l'oignon. Lavez le céleri, puis coupez-le en fins morceaux. Pelez et lavez la carotte, détaillez-la en tout petits dés. Rincez et épongez le persil, puis hachez-le.

Faites chauffer l'huile dans une cocotte. Ajoutez l'oignon, la gousse d'ail et la viande hachée. Faites dorer pendant 5 minutes à feu vif, en remuant. Lorsque la viande est bien colorée, ajoutez les petits morceaux de céleri et de carotte, ainsi que le persil. Salez et poivrez. Laissez mijoter 5 minutes à feu moyen.

Concassez les tomates pelées. Ajoutez-les dans la cocotte. Mélangez, couvrez et laissez mijoter pendant 15 minutes. Ôtez la gousse d'ail.

Portez à ébullition 3 litres d'eau salée. Jetez-y les pâtes et laissez cuire pendant 8 minutes (ou selon les indications inscrites sur le paquet). Égouttez-les dès qu'elles sont « al dente », et versez-les dans un saladier. Ajoutez la sauce, mélangez, saupoudrez de parmesan et dégustez.

Notes

INFO SANTÉ

La sauce bolognaise traditionnelle, à l'italienne, est riche en légumes et en viande maigre. Elle est alors savoureuse et digeste. Ajoutez juste ce qu'il faut d'huile pour que le rissolage soit parfait, et choisissez du steak à 5 ou 8% MG maximum. Vous ferez ainsi le plein de fibres et de glucides à index glycémique bas.

Saumon rôti aux baies roses

4 pers.

moyen

15'

25'

Matériel de cuisine

- 1 plat

Ingrédients

- 4 dos de saumon (4 x 120 g environ)
- 1 citron bio
- 1 c. à s. d'huile d'olive
- 1 c. à s. de baies roses
- 1 oignon
- 2 tomates
- 1 brin de thym
- 1 feuille de laurier
- sel, poivre du moulin

Préchauffez le four à 180 °C (th. 6). Pelez l'oignon, puis coupez-le en fines rondelles. Disposez-les dans un plat allant au four. Lavez les tomates et coupez-les en tranches. Ajoutez-les aux oignons, dans le plat.

Rincez les dos de saumon sous l'eau fraîche, puis épongez-les avec du papier absorbant. Disposez-les sur le lit d'oignon et de tomates.

Lavez le citron à l'eau chaude, et coupez-le en deux. Tranchez une moitié en rondelles, pressez le jus de l'autre moitié. Déposez une rondelle de citron sur chaque pavé de saumon.

Assaisonnez le plat avec du sel, du poivre, et le thym effeuillé. Disposez sur chaque pavé une pincée de baies roses et un quart de feuille de laurier. Arrosez d'une cuillerée d'huile d'olive et de jus de citron. Faites cuire pendant 25 minutes à four chaud. Dégustez chaud avec une poêlée de légumes sautés.

INFO SANTÉ
Le saumon est particulièrement riche en oméga 3, acides gras essentiels à la croissance et au développement cérébral du bébé. Préférez le poisson d'élevage (bio, si vous en trouvez), car sa nourriture et son milieu d'élevage sont très contrôlés, notamment en ce qui concerne les résidus de métaux toxiques.

Parmentier de panga aux carottes

4 pers.
moyen
30'
35'

Matériel de cuisine
- 1 saladier
- 1 cuit-vapeur
- 1 presse-purée
- 1 petit bol

Ingrédients
- 400 g de panga
- 2 c. à s. de crème fraîche épaisse
- 5 brins de ciboulette
- 300 g de pommes de terre type Bintje
- 600 g de carottes
- 1 pincée de noix muscade
- 1 c. à s. de chapelure
- 2 c. à s. de poudre d'amandes
- sel, poivre du moulin

Rincez les filets de panga sous l'eau froide, puis épongez-les avec du papier absorbant. Faites-les cuire 10 minutes à la vapeur, puis égouttez-les parfaitement. Emiettez-les dans un saladier, ajoutez du sel, du poivre et une cuillerée de crème fraîche. Rincez, épongez et ciselez la ciboulette. Ajoutez-la au poisson émietté et mélangez.

Pelez et lavez les pommes de terre et les carottes. Coupez-les en morceaux et faites-les cuire pendant 15 minutes à la vapeur. Écrasez-les au presse-purée, en y ajoutant une cuillerée de crème fraîche. Salez, poivrez, ajoutez une pincée de noix de muscade et mélangez.

Préchauffez le four à 210 °C (th. 7). Versez la moitié de la purée de carottes dans un plat à gratin. Ajoutez le poisson par-dessus et couvrez avec le reste de purée. Lissez la surface.

Mélangez la chapelure et la poudre d'amandes dans un petit bol. Saupoudrez le gratin de ce mélange, et passez 10 minutes au four. Dégustez chaud.

INFO SANTÉ
Le panga est un poisson d'élevage à chair blanche, riche en protéines et très digeste. Il arrive sur nos marchés après une congélation, ne le recongelez jamais et consommez-le de préférence dans la journée. Il est également vendu surgelé, ce qui permet de le conserver plusieurs semaines.

Papillote de lieu au basilic

4 pers.
moyen
25'
30'

Matériel de cuisine
- papier sulfurisé

Ingrédients
- 100 g de champignons de Paris
- 2 tiges de basilic
- 150 g d'épinards hachés surgelés
- 2 brins de persil
- 1 c. à c. d'huile d'olive
- 1 c. à s. de mascarpone
- 1 c. à s. de parmesan râpé
- 4 filets de lieu
- sel, poivre du moulin

Préchauffez le four à 210 °C (th. 7). Lavez les champignons, éliminez l'extrémité du pied sableux, puis coupez-les en petits dés. Rincez le basilic et le persil sous l'eau fraîche, épongez-les et hachez-les.

Faites chauffer l'huile dans une petite casserole. Ajoutez les champignons et faites-les dorer 5 min à feu doux, en remuant. Ajoutez le persil et le basilic hachés, ainsi que les épinards surgelés. Salez, poivrez et laissez cuire pendant 10 minutes à feu doux, en remuant.

Hors du feu, ajoutez le mascarpone et le parmesan et mélangez. Découpez 4 grands rectangles de papier sulfurisé. Rincez les filets de poisson sous l'eau froide puis épongez-les dans du papier absorbant.

Étalez une cuillerée à soupe du mélange champignon-épinard au centre de chaque rectangle de papier. Disposez par-dessus un filet de poisson. Couvrez avec le reste des légumes. Fermez les papillotes et faites cuire 20 minutes au four. Dégustez chaud, avec des pommes vapeur.

INFO SANTÉ
Les papillotes sont légères et faciles à réussir, à condition de choisir des ingrédients qui ne contiennent pas trop d'eau, ou de les faire précuire avant. Tous les poissons s'y prêtent, et sont très digestes, cuisinés de cette façon.

Penne au poulet et au curry

4 pers.
moyen
15'
35'

Matériel de cuisine
- 1 cocotte
- 1 grande casserole
- 1 saladier

Ingrédients
- 200 g de blanc de poulet
- 1 petite aubergine
- 3 tiges de persil frisé
- 3 c. à s. de crème fraîche
- 1 c. à c. de curry doux
- 1 c. à s. d'huile d'olive
- 250 g de penne
- 3 c. à s. de parmesan
- sel, poivre du moulin

Coupez le poulet en lamelles. Lavez l'aubergine, puis détaillez-la en tout petits dés. Rincez le persil, épongez-le délicatement, puis hachez-le.

Faites chauffer l'huile dans une petite cocotte. Ajoutez le poulet, faites-le dorer à feu vif pendant 5 minutes, en remuant. Réservez-le sur une assiette. Ajoutez les dés d'aubergine dans la cocotte. Salez et poivrez, ajoutez le curry et le persil haché et faites cuire à feu doux, en remuant, pendant 15 minutes. Ajoutez une ou deux cuillerées d'eau si le contenu de la cocotte réduit trop vite.

Mettez les dés de poulet et la crème dans la cocotte, et faites mijoter encore 5 minutes. Gardez au chaud, feu éteint.

Portez à ébullition 3 litres d'eau salée dans une grande casserole. Jetez-y les penne et laissez cuire 8 à 10 minutes, selon les indications inscrites sur l'emballage. Égouttez les pâtes dès qu'elles sont cuites. Versez-les dans un saladier. Nappez avec la sauce, mélangez et saupoudrez de parmesan. Dégustez aussitôt.

INFO SANTÉ
Un plat complet et vite fait, pour changer des pâtes à la tomate. Selon votre appétit, vous pouvez prévoir davantage de viande (jusqu'à 100g par personne). Le poulet apporte des protéines et des lipides d'excellente qualité nutritionnelle. L'aubergine, très digeste est source de fibres douces.

Gnocchis de polenta gratinés

4 pers.

bon marché

25'

20'

1 h

Matériel de cuisine

- 1 casserole
- 1 planche à découper
- 1 emporte-pièce
- 1 plat à gratin

Ingrédients

- 250 g de polenta
- 3 tomates
- 250 g de mozzarella
- 2 tiges de basilic
- 2 c. à s. d'huile d'olive
- sel, poivre du moulin

Portez à ébullition 1,25 l d'eau salée dans une casserole. Jetez-y la polenta en pluie et laissez cuire 5 minutes en remuant sans arrêt à l'aide d'un fouet. Versez la polenta sur la planche à découper, en couche d'1 cm d'épaisseur. Lissez-la avec une spatule et laissez refroidir pendant 1 heure, couverte de film étirable.

Lorsque la polenta est bien ferme, découpez-la à l'aide d'un emporte-pièce ou au couteau (en forme de cercle ou de carrés). Disposez les gnocchis de polenta dans un plat à gratin, en les faisant se chevaucher en partie. Préchauffez le four à 180 °C (th. 6).

Lavez les tomates, puis coupez-les en rondelles pas trop fines. Insérez les rondelles de tomates entre les gnocchis dans le plat à gratin. Salez et poivrez. Coupez la mozzarella en dés. Rincez le basilic, épongez-le, puis effeuillez-le.

Ajoutez les feuilles de basilic et la mozzarella sur les gnocchis. Arrosez d'un filet d'huile d'olive et passez 15 minutes au four. Dégustez chaud.

Notes

INFO SANTÉ

Un plat sans viande, mais riche en fromage : il peut amplement suffire pour un dîner léger. Vous l'accompagnerez d'une belle salade et d'un fruit. La polenta est une bonne alternative aux pâtes : elle contient des glucides complexes et des carotènes, précurseurs de la vitamine A.

Crêpes aux champignons et à la dinde

4 pers.

bon marché

30'

45'

Matériel de cuisine
- 1 saladier
- 1 crêpière
- 1 sauteuse

Ingrédients

Pour la pâte
- 90 g de farine
- 70 g de farine de sarrasin
- ½ sachet de levure
- 40 cl de lait
- 3 œufs
- 2 c. à s. d'huile de tournesol
- sel, poivre du moulin

Pour la garniture
- 250 g de champignons
- 1 c. à s. d'huile de tournesol
- 200 g d'escalope de dinde
- 1 pincée de thym
- 3 brins de persil frisé
- 3 c. à s. de crème fraîche épaisse
- sel, poivre du moulin

Mélangez dans un saladier la farine de blé, la farine de sarrasin, la levure, les œufs et le lait. Travaillez la pâte au fouet pour qu'elle soit parfaitement lisse. Salez et poivrez. Laissez reposer 30 minutes (facultatif), puis faites cuire 8 crêpes un peu épaisses dans une crêpière légèrement huilée, 2 minutes sur chaque face. Gardez les crêpes au chaud entre deux assiettes.

Lavez les champignons, puis coupez l'extrémité sableuse du pied. Émincez-les en fines tranches. Découpez les escalopes de dinde en lamelles. Rincez et hachez le persil.

Faites chauffer une cuillerée d'huile de tournesol dans une sauteuse. Ajoutez les lamelles de dinde et faites-les dorer 5 minutes à feu moyen, en remuant. Réservez-les sur une assiette. Ajoutez dans la sauteuse les champignons émincés. Salez, poivrez, ajoutez le persil haché et le thym. Faites cuire pendant 10 minutes à feu doux. Hors du feu, liez avec la crème fraîche.

Garnissez les crêpes avec le mélange à la dinde et aux champignons, roulez-les sur elles-mêmes et dégustez chaud.

Notes

INFO SANTÉ

Des crêpes complètes qui constituent une excellente base de repas, accompagnées d'une salade verte. La dinde (que vous pouvez remplacer par du poulet) présente l'avantage d'être beaucoup moins salée que le jambon, traditionnellement utilisé pour garnir les galettes.

Risotto aux 3 fromages

6 pers.

bon marché

15'

25'

Matériel de cuisine
- 1 cocotte

Ingrédients
- 240 g de riz pour risotto
- 1 petit oignon
- 40 g de comté
- 40 g de fromage à raclette
- 4 morceaux de tomate confite
- 1 c. à s. d'huile de maïs
- 1 dose de safran
- 40 g de grana padano râpée (ou de parmesan)
- sel, poivre du moulin

Pelez et hachez finement l'oignon. Ôtez la croûte du comté et du fromage à raclette, puis coupez-les en petits dés. Hachez finement les morceaux de tomate confite.

Faites chauffer l'huile dans une petite cocotte à fond épais. Ajoutez l'oignon haché et le riz. Faites dorer pendant 5 minutes en remuant. Ajoutez le safran, salez et poivrez. Mouillez avec 35 cl d'eau chaude. Couvrez et laissez cuire à feu doux pendant 18 minutes. Ajoutez un peu d'eau en cours de cuisson, si le riz vous paraît sec.

Retirez la cocotte du feu, ajoutez le comté et le fromage à raclette coupés en dés, ainsi que la grana padano râpée. Remuez délicatement pour ne pas écraser le riz.

Couvrez et laissez reposer 5 minutes. Ajoutez la tomate confite hachée et servez.

INFO SANTÉ
Les plats au fromage sont très utiles si vous n'appréciez pas trop le lait et les laitages. Ils permettent de couvrir facilement les besoins en calcium, qui sont accrus pendant la grossesse, pour permettre le développement harmonieux du squelette du bébé.

Tarte au potiron et au comté

4 pers.

bon marché

40'

45'

Matériel de cuisine
- 1 saladier
- 1 cuit-vapeur
- 1 presse-purée
- 1 moule à tarte de 24 cm

Ingrédients
- 150 g de farine
- 75 g de beurre
- 400 g de chair de potiron (1 tranche de 500 g)
- 60 g de comté
- 2 œufs
- 10 cl de lait
- 1 c. à s. de fécule de maïs
- 1 pincée de muscade
- sel, poivre du moulin

Versez la farine dans un saladier. Ajoutez le beurre coupé en petits dés. Travaillez les ingrédients du bout des doigts pour obtenir un mélange sableux. Ajoutez 5 c. à s. d'eau tiède, liez la pâte en formant une boule et placez au frais pendant la préparation de la garniture.

Pelez la tranche de potiron et éliminez les graines. Rincez la chair sous l'eau fraîche, puis coupez-la en dés. Faites-la cuire 15 minutes à la vapeur. Égouttez le potiron parfaitement en pressant légèrement sur les morceaux. Écrasez-les au presse-purée. Versez la purée dans un bol.

Râpez le comté. Battez dans un saladier les œufs, le lait et la fécule. Salez, poivrez, ajoutez une pincée de muscade. Incorporez à ce mélange la purée de potiron et le fromage râpé.

Préchauffez le four à 180 °C (th. 6). Sortez la pâte du réfrigérateur et étalez-la au rouleau. Garnissez-en un moule à tarte de 24 cm. Piquez la pâte à l'aide d'une fourchette. Versez la garniture et faites cuire 30 minutes au four. Dégustez chaud ou tiède.

INFO SANTÉ
Une tarte délicieuse dont vous pouvez simplifier la recette si vous êtes fatiguée ou un peu pressée : utilisez une pâte du commerce (pur beurre), et de la purée de potiron que vous ferez sécher à feu doux dans une casserole, pour qu'elle ne soit pas trop liquide.

Galettes de lentilles corail

4 pers.

bon marché

20'

30'

Matériel de cuisine

- 1 mixeur
- 1 poêle antiadhésive
- 1 plat

Ingrédients

- 200 g de lentilles corail
- 5 brins de ciboulette
- 5 brins de persil
- 3 feuilles de menthe
- 1 c. à c. de curcuma
- 1 œuf
- 1 c. à s. de graines de sésame
- 50 g de fromage de brebis (type Etorki)
- 2 c. à s. d'huile de tournesol
- sel, poivre du moulin

Faites cuire les lentilles à l'eau bouillante pendant 10 minutes, sans les saler. Égouttez-les parfaitement et versez-les dans le bol du mixeur. Rincez la ciboulette, le persil et la menthe. Hachez-les finement. Versez-les dans le bol du mixeur. Salez, poivrez, ajoutez le curcuma et l'œuf. Mixer quelques secondes pour amalgamer les ingrédients sans les réduire en purée.

Ôtez la croute du fromage, et coupez-le en très petits dés. Ajoutez-les au mélange précédent, ainsi que les graines de sésame.

Faites chauffer une cuillerée d'huile de tournesol dans une large poêle antiadhésive.

Déposez des petits tas de lentilles dans la poêle, à l'aide d'une cuiller à soupe. Laissez dorer les galettes 3 minutes sur chaque face, à feu doux. Disposez-les ensuite sur un plat garni de papier absorbant. Renouvelez l'opération jusqu'à épuisement du mélange, en ajoutant à chaque fois un peu d'huile dans la poêle. Dégustez chaud, avec une salade.

INFO SANTÉ

Les lentilles corail sont dépourvues de leur enveloppe fibreuse, ce qui les rend très digestes. Sources de glucides complexes, elles ont un index glycémique bas, qui stabilise la glycémie.

INFO SANTÉ
Une pizza maison, pas trop grasse et riche en légumes, est une excellente base de dîner. Vous la compléterez d'un potage ou d'une salade et d'un fruit.

Pizza aux légumes et au thon

4 pers.

moyen

25'

20'

30'

Matériel de cuisine
- 1 saladier
- 1 bol
- 1 plaque à pâtisserie antiadhésive

Ingrédients

Pour la pâte
- 100 g de farine de blé
- 100 g de farine complète
- 2 c. à s. d'huile d'olive
- 1 sachet de levure de boulanger lyophilisée
- sel

Pour la garniture
- 1 petite courgette
- 4 champignons
- 20 cl de coulis de tomates nature
- 120 g de thon au naturel
- 125 g de mozzarella
- quelques olives noires

Mélangez dans un saladier la farine de blé et la farine complète. Ajoutez une pincée de sel, la levure, l'huile d'olive et 15 cl d'eau tiède. Travaillez la pâte à la main (ou avec un robot), pendant 5 minutes. Laissez gonfler 30 minutes dans une pièce chaude.

Lavez la courgette, puis émincez-la en fines tagliatelles à l'aide d'un économe. Lavez les champignons, éliminez l'extrémité du pied sableux, puis coupez-les en fines tranches. Égouttez le thon et émiettez-le dans un bol. Égouttez la mozzarella et coupez-la en petits dés.

Préchauffez le four à 210 °C (th. 7). Travaillez la pâte 2 minutes, puis étalez-la et disposez-la sur une plaque à pâtisserie antiadhésive. Répartissez par dessus le coulis de tomates, les tagliatelles de courgette, les lamelles de champignon, le thon et la mozzarella. Poivrez légèrement, mais ne salez pas. Ajoutez quelques olives.

Faites cuire 20 minutes à four chaud. Dégustez chaud ou froid.

Quiche au chèvre, épinards et pignons dorés

4 pers.

bon marché

30'

40'

30'

Matériel de cuisine
- 1 saladier
- 1 casserole
- 1 moule de 24 cm

Ingrédients

Pour la pâte
- 120 g de farine
- 30 g de flocons d'avoine
- 1 pincée de levure chimique
- 75 g de margarine enrichie aux oméga 3
- sel

Pour la garniture
- 450 g d'épinard hachés surgelés
- 100 g de chèvre frais
- 25 g de pignons
- 2 œufs
- 10 cl de lait
- 1 c. à s. de fécule de maïs
- sel, poivre du moulin

Versez dans un saladier la farine, les flocons d'avoine, la levure et une pincée de sel. Ajoutez la margarine coupée en dés et travaillez l'ensemble pour obtenir un mélange sableux. Liez la pâte en y ajoutant 5 cuillerées à soupe d'eau froide. Formez une boule et réservez-la au frais pendant 30 minutes.

Versez les épinards hachés dans une casserole. Ajoutez un demi-verre d'eau, couvrez et faites cuire pendant 10 minutes à feu doux, en remuant de temps en temps. Il ne doit plus rester de liquide en fin de cuisson.

Battez dans un saladier les œufs, le lait et la fécule. Salez et poivrez. Ajoutez les épinards et mélangez.

Préchauffez le four à 180 °C (th. 6). Sortez la pâte du réfrigérateur et étalez-la au rouleau. Garnissez-en un moule de 24 cm. Piquez le fond à l'aide d'une fourchette. Versez la garniture aux épinards sur la pâte. Ajoutez par-dessus le fromage de chèvre, en l'émiettant avec les doigts. Saupoudrez de pignons et faites cuire 30 minutes au four. Dégustez chaud ou froid.

INFO SANTÉ
Une délicieuse tarte que vous réalisez de A à Z : la pâte est riche en oméga 3 (indispensables à la croissance du bébé), l'apport en légumes élevé, et le fromage bien dosé. Complétée d'une salade, elle vous dispense de consommer de la viande, puisqu'elle contient des œufs.

Croquettes de quinoa et courgette

INFO SANTÉ
Les galettes et croquettes représentent un bon apport en protéines, dans la mesure où elles contiennent des œufs et du fromage. Elles peuvent donc remplacer la viande, de temps en temps. Pour qu'elles restent légères et non grasses, pensez à les disposer sur du papier absorbant.

4 pers.
bon marché
25'
30'

Matériel de cuisine

- 1 chinois
- 1 saladier
- 1 râpe
- 1 poêle antiadhésive

Ingrédients

- 130 g de quinoa
- 1 petite courgette
- 3 tiges de persil
- 2 tranches de jambon (100 g)
- 2 c. à s. de parmesan
- 2 œufs
- 2 c. à s. d'huile de maïs
- sel, poivre du moulin

Versez le quinoa dans un chinois et rincez-le sous l'eau froide. Faites-le cuire à l'eau bouillante salée, pendant 15 minutes. Égouttez-le parfaitement et versez-le dans un saladier.

Lavez la courgette, puis râpez-la à l'aide d'une râpe à main. Pressez-la avec les mains pour éliminer le surplus de jus. Versez dans le saladier contenant le quinoa.

Rincez le persil, épongez-le puis hachez-le. Hachez le jambon au couteau. Ajoutez le persil et le jambon haché, le parmesan et les œufs dans le saladier. Mélangez.

Faites chauffer une cuillerée d'huile dans une poêle antiadhésive. Formez des croquettes avec le mélange au quinoa, en déposant des petits tas dans la poêle, à l'aide d'une cuiller. Laissez dorer à feu doux 3 minutes sur chaque face. Disposez ensuite les croquettes sur un plat garni de papier absorbant. Renouvelez l'opération avec le reste du mélange au quinoa, en ajoutant un peu d'huile. Dégustez chaud.

En-cas et collations

Scones aux raisins secs

4 pers.

bon marché

25'

15'

Matériel de cuisine

- 1 saladier
- 1 emporte-pièce rond de 5 cm de diamètre
- 1 plaque à pâtisserie

Ingrédients

- 150 g de farine de blé
- 30 g de farine jaune de maïs
- 50 g de sucre
- 1 sachet de levure chimique
- 1 sachet de sucre vanillé
- 80 g de beurre
- 3 cl de lait + 1 c. à s.
- 50 g de raisins secs blonds
- 1 jaune d'œuf
- sel

Versez la farine de blé, la farine de maïs, le sucre, la levure et le sucre vanillé dans un saladier. Ajoutez une pincée de sel et mélangez.

Ajoutez le beurre coupé en dés et travaillez le mélange avec une fourchette pour obtenir une pâte sableuse. Ajoutez le lait et les raisins, puis formez une boule. Ne travaillez pas trop longtemps la pâte, pour lui garder sa texture fondante.

Préchauffez le four à 150 °C (th. 5). Étalez la pâte sur un plan de travail fariné, pas trop finement, sur 1 cm d'épaisseur environ. Découpez des scones de 5 cm de diamètre, à l'aide d'un emporte-pièce rond.

Disposez les cônes sur une plaque à pâtisserie. Mélangez le jaune d'œuf avec une cuillerée de lait. Badigeonnez les scones de ce mélange et faites cuire au four pendant 12 à 15 minutes. Dégustez tiède, accompagné de compote de pommes à la cannelle.

INFO SANTÉ

Les scones sont de délicieux gâteaux anglais, à texture friable, qu'il est préférable de déguster tièdes. Accompagnez-les d'un thé léger et d'un yaourt, pour un goûter équilibré. Ils se marient également avec des fromages doux (comté, emmental), si vous appréciez les saveurs sucrées-salées.

Pancakes aux flocons d'avoine et aux pommes

6 pers.

bon marché

20'

35'

Matériel de cuisine
- 1 saladier
- 1 poêle à blinis

Ingrédients
- 120 g de farine
- 40 g de flocons d'avoine
- 40 g de sucre roux
- 1 sachet de sucre vanillé
- 1 sachet de levure
- 2 œufs
- 15 cl de crème fraîche
- 10 cl de lait
- 1 pomme
- 1 c. à s. d'huile de tournesol
- sel

Mélangez dans un saladier la farine et les flocons d'avoine, le sucre roux, le sucre vanillé et la levure chimique.

Ajoutez une pincée de sel, les œufs, la crème et le lait. Mélangez avec une spatule en bois.

Pelez et râpez finement la pomme. Ajoutez la chair râpée à la pâte à pancake.

Faites chauffer une poêle à blinis légèrement huilée et versez-y une petite louche de pâte. Faites cuire 2 minutes sur chaque face et gardez au chaud. Renouvelez l'opération jusqu'à épuisement de la pâte. Dégustez nature ou avec un peu de miel, de confiture ou saupoudré d'amandes effilées.

INFO SANTÉ

Ces pancakes sont intéressants pour leur apport en fibres douces (avoine, pomme). Elles contribuent à réguler la glycémie et évitent les fringales. De plus, elles ont une action douce sur le transit intestinal.

Triffle aux griottes caramélisées

4 pers.
moyen
10′
10′

Matériel de dressage
- 4 verrines

Matériel de cuisine
- 1 saladier
- 1 fouet électrique
- 1 poêle antiadhésive

Ingrédients
- 300 g de fromage blanc à 20 % M.G
- 1 sachet de sucre vanillé
- 1 c. à c. de miel liquide
- ½ c. à c. d'eau de fleur d'oranger
- 300 g de griottes surgelées
- 1 c. à s. de sucre
- ½ citron
- 4 palets bretons épais (ou 8 galettes)

Mélangez dans un saladier le fromage blanc, le sucre vanillé, le miel et l'eau de fleur d'oranger (facultatif). Battez le mélange au fouet électrique pour qu'il soit lisse et aéré. Répartissez dans 4 verrines, couvrez de film étirable et placez au réfrigérateur.

Versez les griottes dans une large poêle antiadhésive. Ajoutez un filet de jus de citron et une cuillerée à soupe de sucre. Faites cuire 10 minutes à feu vif, en remuant. Les cerises doivent être enrobées du jus épais, légèrement caramélisées. Laissez tiédir dans la poêle.

Émiettez les palets bretons entre vos doigts.

Au moment de déguster, disposez les griottes tièdes dans les verrines contenant le fromage blanc. Saupoudrez de biscuits et servez aussitôt.

INFO SANTÉ
Riche en glucides (fruits, biscuits, sucre...), ce petit en-cas est idéal pour une journée où vous êtes active. Digeste et source de calcium, le triffle contient peu de matières grasses, et peut-être consommé régulièrement. Il équivaut à une portion de fruits, un laitage et un biscuit.

Clafoutis aux pommes et figues

6 pers.
bon marché
30'
25'

Matériel de cuisine
- 1 plat à gratin
- 1 saladier

Ingrédients
- 2 pommes types golden
- 4 figues violettes
- 10 g + 10 g de beurre
- 100 g de farine
- 50 g de farine de riz (ou de fécule de maïs)
- 50 g + 10 g de sucre
- 1 sachet de sucre vanillé
- ½ sachet de levure chimique
- 1 pincée de cannelle
- 25 cl de lait
- 3 œufs
- sel

Pelez la pomme, puis coupez-la en dés. Rincez les figues et coupez-les en quatre dans le sens de la hauteur. Beurrez un plat à gratin avec une noix de beurre. Répartissez les fruits dans le plat.

Préchauffez le four à 150-180 °C (th. 5-6).

Mélangez dans un saladier la farine de blé et la farine de riz, le sucre en poudre, le sucre vanillé, la levure, une petite pincée de cannelle et une pincée de sel. Ajoutez le lait et les œufs. Mélangez à l'aide d'un fouet pour obtenir une pâte lisse. Versez la pâte dans le plat, sur les fruits.

Faites cuire le clafoutis pendant 15 minutes. Sortez-le du four et saupoudrez-le d'une cuillerée à soupe de sucre. Répartissez à la surface 10 g de beurre coupé en petits dés. Remettez le clafoutis au four et laissez cuire 10 minutes. Dégustez tiède ou froid.

Notes

INFO SANTÉ
Les clafoutis et les flans sont des gâteaux pauvres en matières grasses, mais bien pourvus en protéines (œufs, lait). Leur apport en calcium n'est pas négligeable puisqu'ils contiennent du lait. De plus, la présence de fruits de saison les enrichit en fibres.

Semoule aux abricots secs et cranberries

4 pers.

bon marché

10'

10'

10'

Matériel de dressage
- 4 ramequins

Ingrédients
- 80 cl de lait entier
- 55 g de semoule fine
- 40 g de sucre roux
- 40 g d'abricots secs
- 30 g de cranberries séchées
- 1 gousse de vanille.

Coupez les abricots en tout petits dés.

Portez à ébullition le lait dans une casserole, puis retirez du feu. Ajoutez la gousse de vanille fendue en deux, couvrez et laissez infuser pendant 10 minutes. Retirez la gousse de vanille et récupérez ses graines en grattant l'intérieur avec un couteau. Remettez les graines dans le lait.

Portez à nouveau le lait à ébullition et jetez-y la semoule, en remuant énergiquement à l'aide d'un fouet. Laissez bouillir à feu très doux pendant 5 minutes, retirez du feu.

Ajoutez le sucre, les cranberries et les dés d'abricot secs. Mélangez intimement. Versez la semoule dans 4 ramequins. Dégustez tiède ou froid

Notes

INFO SANTÉ

Les cranberries sont des baies rouges à haute concentration en minéraux et antioxydants. Comme les abricots, elles sont très bien pourvues en fibres. En été, optez pour les abricots frais, qui apportent un plus en vitamine C : comptez dans ce cas 3 beaux abricots mûrs mais fermes.

Smoothie aux framboises et lait d'amande

1 pers.

bon marché

10'

2 h

Matériel de cuisine
- 1 blender
- 1 passoire fine (facultatif)

Ingrédients
- 10 cl de lait d'amande
- 10 cl de lait de riz
- 60 g de framboises
- 1 goutte d'extrait de vanille
- quelques feuilles de menthe
- 1 c. à c de miel

Placez le lait d'amande, le lait de riz et les framboises au frais pendant au moins 2 heures avant la préparation du smoothie. Rincez et épongez soigneusement les feuilles de menthe.

Versez dans un blender le lait d'amande, le lait de riz, le miel, l'extrait de vanille et les framboises. Mixez pendant quelques secondes pour obtenir un mélange bien homogène.

Si vous le souhaitez, vous pouvez filtrer le smoothie dans une passoire fine pour éliminer les graines.

Versez le smoothie dans un grand verre. Décorez de feuilles de menthe et dégustez bien frais.

INFO SANTÉ

Les lait végétaux sont très digestes ; vous pouvez en consommer de temps en temps, car leur apport en protéines végétales et acides gras insaturés est intéressant. Mais ils ne peuvent pas remplacer totalement les produits laitiers, beaucoup plus riches en calcium.

Tartine au cottage cheese, noisettes et graines germées

1 pers.

bon marché

10'

5'

Matériel de cuisine

- 1 grille-pain

Ingrédients

- 1 belle tranche de pain au levain (type Poilâne)
- 1 c. à s. de cottage cheese
- 5 noisettes grillées
- 4 tomates cerise
- 1 pincée de graines germées
- 1 c. à c. d'huile d'olive
- sel, poivre du moulin

Rincez les graines germées et essorez-les soigneusement. Lavez les tomates, épongez-les et coupez-les en deux.

Hachez les noisettes au couteau.

Faites griller la tranche de pain au grille-pain, pour qu'elle soit bien croustillante.

Tartinez-la de cottage cheese puis saupoudrez-la de noisettes concassées. Disposez les tomates et les graines germées par-dessus. Salez, poivrez et arrosez d'un filet d'huile d'olive. Dégustez aussitôt.

INFO SANTÉ

Une excellente base de collation salée, adaptée à toutes celles qui ont des problèmes de régulation de la glycémie (chute de glycémie, diabète gestationnel...). Riche en fibres et en glucides à index glycémique bas, elle apporte du calcium et des protéines.

Sablés au parmesan et au pavot

INFO SANTÉ
La farine de soja, riche en protéines et en fibres a un index glycémique particulièrement bas. Ces petits biscuits sont donc parfaits pour une collation : ils rassasient et évitent le grignotage sauvage. Vous pouvez les accompagner d'un verre de jus de légumes, par exemple.

4 pers.

bon marché

30'

15'

Matériel de cuisine
- 1 saladier
- emporte-pièce
- 1 plaque de cuisson antiadhésive

Ingrédients
- 100 g de farine de blé
- 50 g de farine de soja
- ½ sachet de levure
- 50 g de parmesan
- 60 g de beurre
- 5 cl de lait
- 1 c. à s. de graines de pavot
- sel, poivre du moulin

Préchauffez le four à 150 °C (th. 5). Versez la farine de blé et la farine de soja dans un saladier. Ajoutez la levure, le parmesan, le beurre coupés en petits dés et du sel et du poivre.

Mélangez le contenu du saladier du bout des doigts pour obtenir un mélange sableux.

Ajoutez 4 cuillerées d'eau tiède, amalgamez rapidement la pâte et formez une boule.

Étalez la pâte sur un plan de travail fariné. Découpez de petits sablés à l'aide d'un emporte-pièce. Disposez-les sur une plaque à pâtisserie. Badigeonnez-les de lait à l'aide d'un pinceau. Saupoudrez ensuite de graines de pavot. Faites cuire les biscuits 10 à 12 minutes au four. Dégustez-les tièdes ou froids.

Emballés dans une boîte hermétique, ils se conservent 3 jours environ.

Gaufres au chèvre et à la courgette

4 pers.

bon marché

20'

35'

Matériel de cuisine
- 1 passoire fine
- 1 saladier
- appareil à gaufres

Ingrédients
- 1 petite courgette
- 40 g de chèvre frais
- 100 g de farine de blé
- 50 g de farine de riz (ou de fécule de maïs)
- 1 sachet de levure chimique
- 1 pincée de piment d'Espelette
- 10 cl de lait
- 2 c. à s. d'huile d'olive
- 2 œufs
- 25 g de gruyère râpé
- sel, poivre du moulin

Lavez la courgette et râpez-la finement. Disposez-la dans une passoire fine et pressez légèrement la pulpe pour éliminer le surplus de jus. Émiettez le fromage de chèvre.

Versez la farine de blé et la farine de riz dans un saladier. Ajoutez la levure, du sel, du poivre, une pincée de piment d'Espelette et mélangez. Versez ensuite le lait, l'huile et ajoutez les œufs entiers. Mélangez parfaitement pour obtenir une pâte très lisse.

Ajoutez à la pâte le chèvre frais, le gruyère râpé et la courgette râpée. Mélangez.

Faites chauffer l'appareil à gaufre. Versez une louche de pâte dans l'appareil et faites cuire comme des gaufres sucrées, 3 à 4 minutes. environ. Dégustez les gaufres dès qu'elles sont cuites.

Notes

TRUC DE CUISINIER

Les gaufres salées sont une bonne alternative aux traditionnelles gaufres sucrées, pour un goûter équilibré. Plus riches en protéines, car elles contiennent du fromage, elles ne contiennent pas du tout de sucre. Leur apport en calcium est également assez élevé.

Muffins framboise cranberry

4 pers.

bon marché

25'

15'

Matériel de cuisine

- 1 saladier
- petits moules à muffins

Ingrédients

- 100 g de farine
- 50 g de farine de riz (ou de fécule de maïs)
- 50 g de sucre
- 1 sachet de sucre vanillé
- 1 sachet de levure chimique
- 75 g de beurre
- 100 g de brisures de framboises surgelées
- 2 œufs
- 50 g de cranberries séchées
- sel

Préchauffez le four à 150 °C (th. 5). Mélangez dans un saladier la farine de blé, la farine de riz, le sucre, le sucre vanillé, la levure et une pincée de sel.

Faites fondre le beurre 20 secondes au micro-ondes. Faites décongeler les brisures de framboises 1 minute au four à micro-ondes, en mode décongélation.

Versez le beurre dans le saladier, ajoutez les œufs et mélangez avec une spatule. Quand la pâte est souple et lisse, ajoutez les brisures de framboises et les cranberries. Mélangez.

Versez la pâte dans de petits moules à muffins et faites cuire pendant 15 min au four. Laissez tiédir avant de démouler. Dégustez tiède ou froid.

Notes

INFO SANTÉ

Les framboises sont parmi les fruits les plus riches en fibres. Elles sont donc très utiles pendant la grossesse pour prévenir la constipation. Les cranberries renforcent cet effet.

Desserts pour futures mamans

Crumble pêche-abricot aux amandes

4 pers.

bon marché

25'

25'

Matériel de cuisine
- 1 saladier
- 1 plat à gratin

Ingrédients
- 3 pêches jaunes
- 4 abricots
- 1 sachet de sucre vanillé
- 1 c. à s. de semoule fine
- 100 g de farine de blé
- 50 g de poudre d'amandes
- ½ sachet de levure chimique
- 60 g de sucre roux
- 60 g de margarine riche en oméga 3
- sel

Lavez les pêches et les abricots. Pelez les pêches, puis coupez-les en dés, en éliminant le noyau. Coupez les abricots en quatre, ôtez le noyau.

Préchauffez le four à 150-180 °C (th. 5-6). Disposez les fruits découpés dans un plat à gratin, en une couche de 2 cm environ. Saupoudrez de sucre vanillé et de semoule, puis mélangez.

Mélangez dans un saladier la farine, la poudre d'amandes, la levure, le sucre roux et une pincée de sel. Ajoutez la margarine coupée en dés et amalgamez tous les ingrédients avec les mains, pour obtenir un mélange grumeleux. Répartissez la pâte à crumble sur les fruits. Faites cuire 25 minutes au four. Dégustez tiède ou froid.

INFO SANTÉ
Un dessert riche en fruits, donc assez léger en calories. Les pêches jaunes et les abricots sont d'excellentes sources de bétacarotène, précurseur de la vitamine A (indispensable à la croissance). Vous pouvez enrichir le crumble de fruits secs (abricots secs…) pour un plus en fibres.

INFO SANTÉ
Une tarte gourmande et riche en fibres, qui permet d'améliorer naturellement les problèmes de constipation. Vous pouvez y ajoutez quelques dés de pomme, c'est également délicieux.

Tarte à la crème vanillée et pruneaux

4 pers.

bon marché

35'

40'

10'

Matériel de cuisine
- 1 saladier
- 1 moule de 24 cm

Ingrédients

Pour la pâte
- 150 g de farine
- 20 g de son d'avoine
- 20 g de sucre roux
- 80 g de beurre
- sel

Pour la garniture
- 40 cl de lait entier
- ½ gousse de vanille
- 20 g de fécule de maïs
- 30 g de sucre
- 2 jaunes d'œufs
- 120 g de pruneaux moelleux dénoyautés

Versez la farine et le son dans un saladier. Ajoutez le sucre, le beurre coupé en petits morceaux et une pincée de sel. Travaillez le mélange du bout des doigts pour obtenir un mélange sableux. Ajoutez 3 cuillerées à soupe d'eau tiède et amalgamez rapidement la pâte. Formez une boule et laissez reposer à température ambiante pendant la préparation de la crème.

Préchauffez le four à 180 °C (th. 6). Portez le lait à ébullition, additionné d'une demi-gousse de vanille fendue en deux. Retirez du feu, couvrez et laissez infuser pendant 10 minutes.

Grattez l'intérieur de la gousse pour récupérez les graines. Remettez-les dans le lait. Battez les jaunes d'œufs, la fécule de maïs et le sucre. Ajoutez progressivement le lait. Versez le mélange dans la casserole et portez à ébullition à feu très doux, en remuant sans arrêt. Retirez du feu dès que la crème bout. Versez dans un saladier.

Étalez la pâte assez finement sur un plan de travail fariné. Garnissez-en un moule à tarte de 24 cm. Piquez le fond à l'aide d'une fourchette. Répartissez les pruneaux sur la tarte. Nappez de crème et faites cuire 30 min au four. Dégustez tiède ou froid.

INFO SANTÉ
Les fraises sont particulièrement bien pourvues en vitamine C : elles en contiennent davantage que les oranges. Indispensable au bon fonctionnement immunitaire, c'est une vitamine primordiale, tout au long de la grossesse.

Tartelettes aux fraises et fromage blanc

6 pers.
moyen
45'
15'

Matériel de cuisine
- 1 saladier
- petits moules à tartelette
- 1 verre de lentilles crues

Ingrédients

Pour la pâte
- 150 g de farine
- 50 g de sucre
- 75 g de beurre mou
- 1 jaune d'œuf
- sel

Pour la garniture
- 350 g de fraises de petits calibres (type mara des bois, gariguette)
- 200 g de fromage blanc à 40 % MG
- sachet de sucre vanillé
- sucre glace

Mélangez dans un saladier la farine, le sucre et une pincée de sel. Ajoutez le beurre mou (mais pas fondu) et amalgamez les ingrédients du bout des doigts. Liez la pâte avec un jaune d'œuf et formez une boule.

Préchauffez le four à 150 °C (th. 5). Étalez la pâte assez finement sur un plan de travail fariné. Garnissez une dizaine de petits moules à tartelette avec la pâte. Piquez le fond à l'aide d'une fourchette. Couvrez le fond de lentilles crues pour éviter que la pâte ne lève. Faites cuire 10 à 15 minutes au four. Jetez les lentilles et laissez refroidir les tartelettes. Démoulez-les lorsqu'elles sont bien froides.

Rincez les fraises, puis essuyer-les parfaitement. Coupez le pédoncule, et recoupez-les si elles sont un peu trop grosses. Battez le fromage blanc avec le sucre vanillé. Recouvrez les fonds de tarte d'une petite couche de fromage blanc vanillé, puis garnissez de fraises. Décorez d'un voile de sucre glace et servez.

Marbré au chocolat et aux noisettes

6 pers.

bon marché

20'

35'

30'

Matériel de cuisine
- 1 fouet électrique
- 2 saladiers
- 1 moule à cake

Ingrédients
- 90 g de beurre
- 100 g de chocolat au lait pour pâtisserie
- 3 œufs
- 90 g de sucre
- 200 g de farine
- 1 sachet de levure chimique
- 3 c. à s. de fromage blanc à 40 % M.G
- 60 g de poudre de noisettes
- sel

Préchauffez le four à 150°C (th. 5). Faites fondre le beurre 30 secondes au four à micro-ondes. Cassez le chocolat en morceaux et faites-le fondre, avec 2 cuillerées à soupe d'eau, pendant 20 secondes au four à micro-ondes.

Battez au fouet électrique les œufs et le sucre en poudre dans un saladier, jusqu'à ce que le mélange devienne mousseux.

Ajoutez la farine, la levure, le beurre fondu, le fromage blanc et une pincée de sel. Travaillez la pâte à la spatule pour la lisser parfaitement.

Séparez la pâte en deux parties égales, dans deux saladiers. Ajoutez le chocolat fondu dans le premier, et la poudre de noisettes dans le second. Mélangez.

Versez la moitié de la pâte à la noisette dans un moule à cake, puis la moitié de la pâte au chocolat, le reste de pâte à la noisette et le reste de pâte au chocolat. Mélangez partiellement les différentes couches avec une fourchette, pour réaliser des stries. Faites cuire le gâteau pendant 35 minutes au four. Démoulez-le une fois tiède ou froid. Découpez en tranches et dégustez.

INFO SANTÉ
Un bon gâteau, riche en magnésium, indispensable au fonctionnement neuromusculaire. Il évite notamment les crampes, fréquentes pendant la grossesse, et améliore la qualité du sommeil. Vous pouvez en consommez le matin au petit déjeuner, en le faisant cuire la veille.

INFO SANTÉ
Un gâteau peu sucré mais bien pourvu en fibres, grâce à la présence de la carotte, de la poudre d'amandes et des raisins secs. Vous pouvez l'accompagner d'une crème anglaise maison, pour un plus en calcium.

Gâteau aux carottes

6 pers.
bon marché
25'
35'

Matériel de cuisine
- 1 bol
- 1 saladier
- 1 moule rond à manqué

Ingrédients
- 1 carotte
- 1 yaourt
- 3 pots de farine
- 1 pot de sucre
- 1 sachet de sucre vanillé
- 3 c. à s. de poudre d'amandes
- 1 sachet de levure chimique
- 1 pincée de cannelle
- 1 pot d'huile de tournesol
- 3 œufs
- 50 g de raisins secs
- sel

Préchauffez le four à 150 °C (th. 5). Pelez et lavez la carotte, puis râpez-la finement. Videz le yaourt dans un bol, et gardez le pot que vous utiliserez comme mesure.

Mélangez dans un saladier trois pots de farine, un pot de sucre, le sucre vanillé, la poudre d'amandes, la levure, la cannelle, et une pincée de sel. Incorporez ensuite l'huile, les œufs, et le yaourt. Travaillez la pâte à l'aide d'une spatule jusqu'à ce qu'elle soit parfaitement lisse.

Ajoutez ensuite la carotte râpée et les raisins secs.

Versez le mélange dans un moule rond à manqué. Faites cuire 35 minutes au four. Dégustez tiède ou froid.

Cheesecake à la vanille, coulis de framboises

6 pers.

bon marché

20'

30'

15'

Matériel de cuisine
- 1 bol
- 1 fouet électrique
- 1 moule à gratin

Ingrédients
- 200 g de coulis de framboises surgelé
- 3 œufs
- 80 g de sucre
- 400 g de fromage blanc à 40 % M.G
- 1 sachet de sucre vanillé
- 60 g de fécule de maïs
- 4 biscuits type petits-beurre
- sel

Préchauffez le four à 150 °C (th. 5). Faites décongeler le coulis sous l'eau froide, puis versez-le dans un bol. Séparez les jaunes d'œufs des blancs. Travaillez les jaunes d'œufs avec le sucre en poudre, à la spatule ou au fouet électrique, pour obtenir un mélange clair et mousseux.

Incorporez le fromage blanc, le sucre vanillé et la fécule de maïs dans le mélange précédent.

Émiettez les biscuits à l'aide d'un rouleau à pâtisserie. Montez les blancs d'œufs en neige très ferme, en y ajoutant une pincée de sel. Incorporez délicatement les blancs au mélange précédent.

Versez dans un moule à gratin, saupoudrez de biscuits émiettés et faites cuire 30 minutes au four. Laissez tiédir le gâteau pendant 15 minutes, hors du four avant de le déguster. Servez avec le coulis de framboises.

Notes

INFO SANTÉ

Un biscuit léger et pauvre en matières grasses, particulièrement digeste. Son apport en calcium et protéines est également intéressant. Vous pouvez le préparer la veille et le déguster froid, à condition de le couvrir de film étirable et de le placer au réfrigérateur.

Tartare de kiwi, coulis de mangues et verveine

4 pers.
bon marché
25'
5'

Matériel de cuisine
- 1 petite casserole
- 1 bol
- 1 mixeur

Ingrédients
- 6 kiwis
- 2 c. à s. de sucre extra-fin en poudre
- 1 gousse de vanille
- 3 feuilles de verveine-citron
- 1 citron
- 1 mangue bien mûre

Notes

Versez 6 c. à s. d'eau dans une petite casserole. Ajoutez une cuillerée à soupe de sucre, la gousse de vanille fendue en deux, les feuilles de verveine et un filet de jus de citron. Portez à ébullition et laissez cuire 5 minutes à feu très doux. Ouvrez la gousse de vanille et grattez l'intérieur pour récupérer les graines. Remettez-les dans le liquide précédent, qui doit avoir une consistance sirupeuse.

Pelez la mangue, coupez-la en petits morceaux. Mixez-la finement en y ajoutant un filet de jus de citron et une cuillerée de sucre. Versez dans un bol, couvrez de film étirable et placez au frais.

Pelez les kiwis, puis coupez-les en 4 dans le sens de la hauteur. Hachez-les ensuite assez finement à l'aide d'un grand couteau de cuisine. Égouttez-les pour éliminer le surplus de jus.

Répartissez les kiwis hachés sur 4 assiettes, en formant un dôme. Arrosez avec le sirop de verveine réduit. Entourez d'un cordon de coulis de mangues et dégustez bien frais.

INFO SANTÉ
Placez les fruits au frais avant de les préparer, et dégustez votre tartare dès qu'il est prêt : les vitamines n'auront ainsi pas le temps de s'oxyder. Ce dessert léger est particulièrement riche en vitamine C.

INFO SANTÉ

La banane est un fruit concentré en magnésium, très utile tout au long de la grossesse, puisqu'il intervient dans le tonus neuromusculaire et la qualité du sommeil. La noix de coco et la poudre d'amandes en apportent également.

Gâteau à la banane et noix de coco

6 pers.

bon marché

25'

30'

Matériel de cuisine
- 1 robot-mixeur
- 1 moule antiadhésif en forme de couronne

Ingrédients
- 2 bananes
- 30 g de beurre
- 3 œufs
- 80 g de sucre en poudre
- 1 sachet de sucre vanillé
- 80 g de farine
- 60 g de fécule de maïs
- 1 sachet de levure chimique
- 25 g de poudre d'amandes
- 25 g de noix de coco râpée
- sel

Préchauffez le four à 150 °C (th. 5). Pelez les bananes et coupez-les en rondelles. Faites fondre le beurre 10 secondes au micro-ondes.

Séparez les blancs d'œufs des jaunes. Travaillez au robot les jaunes d'œufs et le sucre en poudre jusqu'à ce que le mélange devienne mousseux. Ajoutez le sucre vanillé, les bananes coupées en rondelles et le beurre fondu. Mixez le tout pendant quelques secondes. Ajoutez la farine et la fécule, la levure, la poudre d'amandes et la noix de coco râpée. Travaillez la pâte à la spatule.

Montez les blancs en neige très ferme, en y ajoutant une pincée de sel. Incorporez délicatement les blancs au mélange précédent.

Versez la pâte dans un moule antiadhésif en forme de couronne et faites cuire 35 minutes. Laissez tiédir avant de démouler. Vous pouvez accompagner ce gâteau d'une crème anglaise vanillée.

Verrine de ricotta aux fruits d'été

4 pers.
bon marché
20'

Matériel de dressage
- 4 verrines

Ingrédients
- 2 beaux abricots
- ½ citron
- 150 g de fraises
- 250 g de ricotta
- 1 c. à s. de miel liquide
- 1 goutte d'extrait de vanille
- 30 g d'amandes effilées

Rincez les abricots puis essuyez-les. Coupez-les en deux, ôtez le noyau et découpez les fruits en petits dés. Mettez-les dans un bol et arrosez-les de quelques gouttes de jus de citron.

Rincez les fraises, égouttez-les, puis coupez-les en dés. Versez-les dans un bol et arrosez-les de jus de citron.

Mélangez la ricotta, le miel et la vanille liquide. Travaillez le mélange rapidement sans chercher à le lisser. Ajoutez les abricots, mélangez délicatement.

Répartissez la ricotta aux abricots dans 4 verrines. Ajoutez par-dessus les fraises au citron. Décorez d'amandes effilées et dégustez très frais.

INFO SANTÉ
Un dessert très léger, riche en fruits et en fromage frais. La ricotta contient du calcium et des protéines et elle n'est pas très calorique. N'hésitez pas à en consommer régulièrement pour changer du fromage blanc. Elle est délicieuse avec un peu de sucre, de confiture ou de miel.

Gratin poire-chocolat, éclats de pistache

4 pers.

bon marché

20'

15'

5'

Matériel de dressage
- 4 petits plats individuels à gratin

Ingrédients
- 1 œuf
- 3 c. à s. de crème de soja
- 1 c. à s. de sucre
- 1 c. à c. de fécule de maïs
- 40 g de chocolat noir
- 25 g de pistaches grillées non salées
- 4 poires types beurré hardy ou conférence

Battez dans un bol l'œuf, la crème de soja, le sucre et la fécule de maïs.

Hachez le chocolat au couteau. Hachez également les pistaches. Préchauffez le four à 180 °C (th. 6).

Pelez les poires et coupez-les en quatre. Éliminez le centre et recoupez chaque quartier en tranches pas trop fines. Rangez-les dans 4 petits plats à gratin individuels.

Versez par-dessus le mélange œuf-crème. Faites cuire 10 minutes à four chaud. Sortez du four, saupoudrez de chocolat et de pistaches hachées. Remettez au four pendant 5 minutes. Laissez tiédir 5 minutes hors du four et servez.

INFO SANTÉ
Un dessert délicieux mais qui reste léger, idéal pour clôturer un repas fin. La poire est un fruit qui équilibre naturellement le transit : elle contient en effet des fibres, et des substances végétales stimulantes, comme le sorbitol.

Idées de menus
Été

Tomates et mozzarella au basilic
Brochette de poulet marinée au citron vert
Boulghour aux aubergines
Sorbet cassis

Le plus nutrition
Si l'un des plats (entrée, plat principal) contient un produit laitier, il n'est pas nécessaire d'en consommer une autre portion. Mais n'oubliez pas d'en manger 3 à 4 chaque jour.

Salade de fenouil, pomelo et sésame
Tome des Pyrénées
Pêche pochée à la menthe

Le plus nutrition
Les salades composées sont très pratiques en été, car elles simplifient les menus. Soyez toujours vigilante sur la fraîcheur des ingrédients et évitez de les préparer trop longtemps à l'avance, pour des raisons d'hygiène.

Melon
Escalope de porc au citron et à l'estragon
Tagliatelles fraîches au parmesan
Smoothie aux framboises et lait d'amande

Le plus nutrition
Pensez aux smoothies si vous n'appréciez pas le lait : fouetté et aromatisé, il devient une vraie boisson gourmande, riche en calcium.

Salade iceberg vinaigrette
Pizza aux légumes et au thon
Crème à la vanille

Le plus nutrition
Faites la pizza vous-même : c'est vraiment très simple ! Vous limiterez ainsi l'apport en matières grasses et vous pourrez l'enrichir de légumes de saison.

Idées de menus

Printemps

Papillote de lieu au basilic
Épinards mijotés
Camembert
Fraises au citron

Le plus nutrition
Un repas peu calorique que vous pouvez compléter par une portion de riz (ou simplement de pain), si vous avez très faim ce jour-là.

Asperges vinaigrette
Escalope de veau à la crème
Pommes de terre nouvelles persillées
Gâteau à la banane et à la noix de coco

Le plus nutrition
Profitez des produits de saisons, toujours plus goûteux et plus riches en vitamines. Et faites cuire les pommes de terre à la vapeur : vous les servirez avec la sauce de la viande.

Cake aux courgettes et au jambon
Salade de mâche aux gésiers et pomme acidulée
Mimolette
Cerises

Le plus nutrition
Les cakes salés, comme les tartes, sont de bonnes bases pour le dîner. Faites-les de préférence vous-même, pour en maîtriser la composition (surtout en matières grasses).

Salade de pousses de soja
Wok de bœuf au sésame
Flan à la mangue

Le plus nutrition
Ne craignez pas les plats asiatiques : ils sont le plus souvent bien équilibrés, riches en légumes et peu gras. Évitez simplement les fritures, peu digestes (nems…).

Idées de menus

Automne

Batavia aux noix et aux croûtons
Gratin de potiron
Pancakes aux flocons d'avoine et aux pommes

Le plus nutrition
Potiron, noix, et pomme apportent des fibres utiles au bon fonctionnement du transit. Pensez à prévoir des fruits et des légumes à chaque repas, pour éviter la constipation de façon naturelle.

Saumon rôti aux baies roses
Chou braisé au cumin
Yaourt aromatisé
Madeleine

Le plus nutrition
Poisson gras et chou : deux aliments très utiles – l'un pour son apport en oméga 3, l'autre pour sa richesse en folates – à faire figurer régulièrement dans vos menus.

Tartines à la mousse de sardine et citron vert
Boulettes de bœuf à la tomate
Riz aux courgettes
Clémentines

Le plus nutrition
Le bœuf est une des meilleures sources de fer : n'hésitez pas à en consommer une à deux fois par semaine, tout au long de votre grossesse.

Carottes râpées aux raisins secs
Tarte au potiron et au comté
Petit suisse et banane au miel

Le plus nutrition
Le magnésium est une substance dont les apports peuvent être insuffisants pendant la grossesse : alors optez pour les fruits secs et oléagineux, la banane, les céréales complètes et faites la part belle aux légumes.

Idées de menus

Hiver

Soupe italienne au basilic
Pot-au-feu et ses légumes
Petit-suisse au miel
Orange

Le plus nutrition
Un bon plat mijoté riche en protéines, en fer et en fibres. N'oubliez pas de graisser le bouillon refroidi, pour qu'il soit parfaitement digeste.

Endives gratinées au jambon
Pommes vapeur
Verrine de ricotta aux fruits d'été

Le plus nutrition
Prévoyez quelques pommes vapeur pour accompagner les endives au jambon : cela équilibre le plat en apportant des glucides complexes, et permet un meilleur rassasiement.

Crème de petit pois au fromage frais
Samossa au bœuf
Salade verte
Yaourt aux fruits

Le plus nutrition
Pour un dîner léger mais équilibré, pensez aux samossas et petits feuilletés : peu gras, ils sont digestes et très vite faits.

Salade de mâche aux gésiers et pomme acidulée
Rôti de porc au four
Lentilles mijotées
Tartare de kiwi, coulis de mangue et verveine

Le plus nutrition
Un repas pour faire le plein de fer ! La vitamine C du kiwi favorise l'assimilation du fer des lentilles et de la viande.

Index des recettes

R

S

T

V

W

Table des matières

Entrées gourmandes et vitaminées 12

Plats de grossesse 36

Table des mesures

Mesures métriques	Mesures impériales
Poids	
30 g	1 once
115 g	1/4 lb
150 g	1/3 lb
225 g	1/2 lb
340 g	3/4 lb
455 g	1 lb
Riz - 210 g	1 tasse
Farine - 115 g	1 tasse
Sucre - 225 g	1 tasse
Capacités	
1 ml	16 gouttes
5 ml	1 cuillère à thé
15 ml	1 cuillère à soupe
50 ml	1/4 de tasse
75 ml	1/3 de tasse
125 ml	1/2 tasse
150 ml	2/3 de tasse
175 ml	3/4 de tasse
200 ml	4/5 de tasse
250 ml	1 tasse
500 ml	2 tasses

Thermostats	Degrés Celsius	Degrés Fahrenheit
th. 1	30 °C	85 °F
th. 2	60 °C	140 °F
th. 3	90 °C	195 °F
th. 4	120 °C	250 °F
th. 5	150 °C	300 °F
th. 6	180 °C	355 °F
th. 7	210 °C	410 °F
th. 8	240 °C	465 °F
th. 9	270 °C	520 °F
th.10	300 °C	570 °F